mela

elma

pera

armut

arancia

portakal

limone

limon

uva

üzüm

fragola

çilek

cocomero

karpuz

cocco

hindistan cevizi

banana

muz

lampone

ahududu

kiwi

kivi

ciliegia

kiraz

mirtillo

yaban mersini

prugna

erik

pesca

şeftali

fico

incir

ananas

ananas

mango

mango

cachi

trabzon hurması

cavolfiore

karnabahar

zucchina

kabak

melanzana

**patlıcan

carota

havuç

patata

patates

cavolo

lahana

pomodoro

domates

spinacio

ıspanak

broccolo

brokoli

piselli

bezelye

zucca

bal kabağı

zucca pepona

**butternut kabağı

avocado

avokado

carciofo

enginar

fungo

mantar

ravanello

turp

aglio

sarımsak

cipolla

soğan

barbabietola

pancar

porro

pırasa

peperone

dolmalık biber

peperoncino

acı biber

asparago

kuşkonmaz